CB082366

Com Caneta Especial

Meu Diário Mágico

SÓ VOCÊ PODE VER OS SEUS SEGREDOS!

Este diário de segredos pertence a:

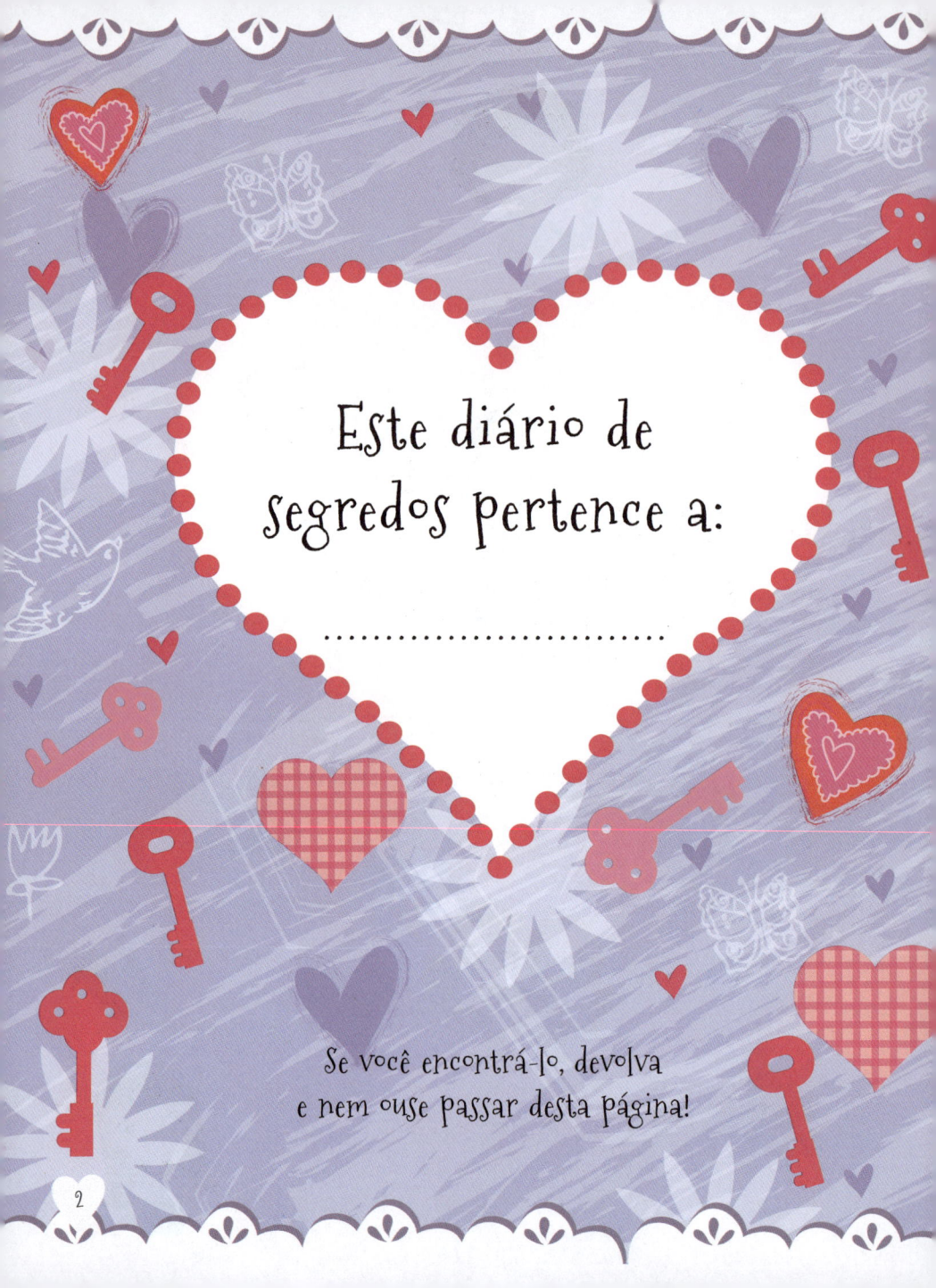

....

Se você encontrá-lo, devolva
e nem ouse passar desta página!

ESTA SOU EU!

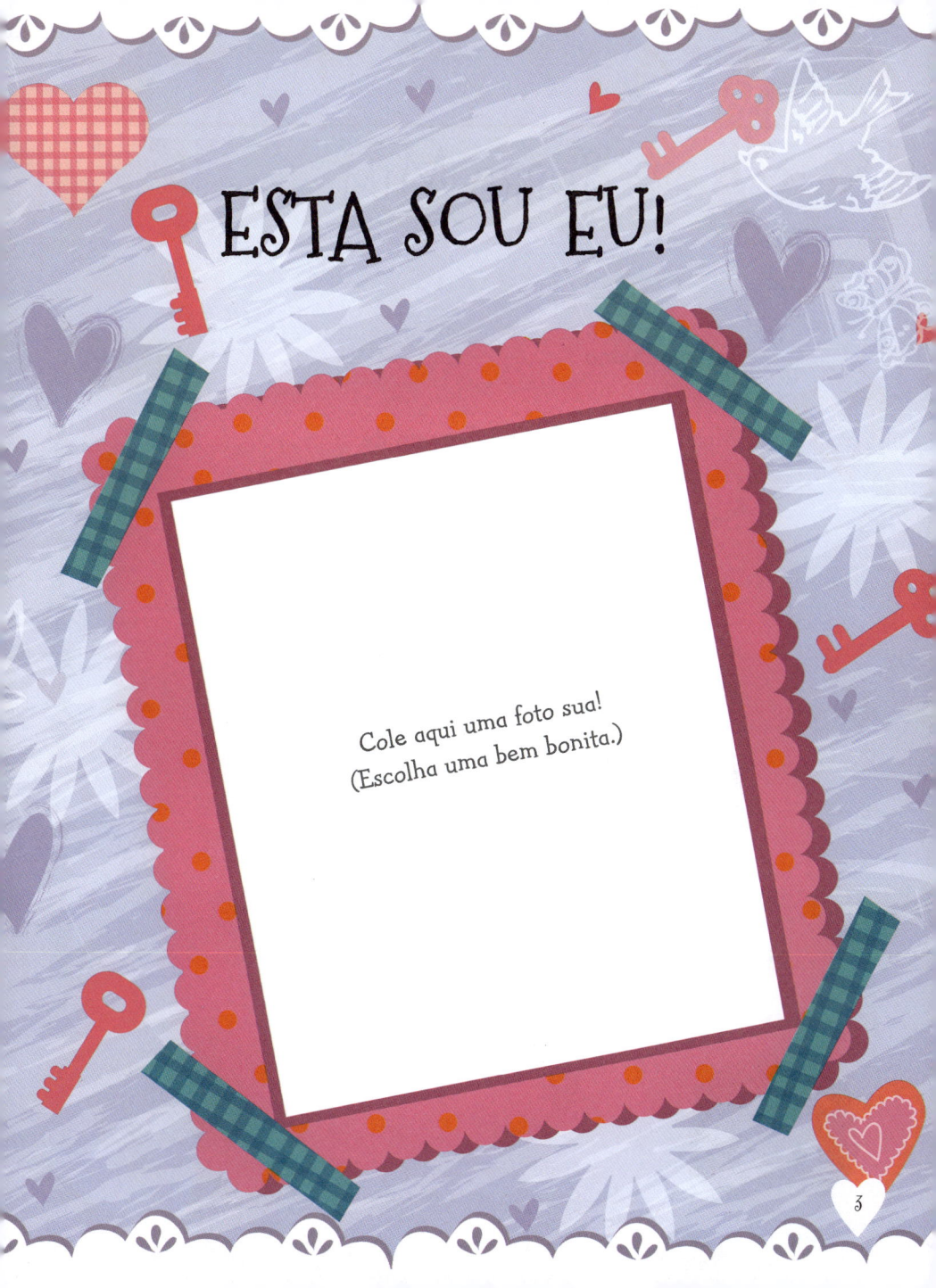

Cole aqui uma foto sua!
(Escolha uma bem bonita.)

Sobre Mim

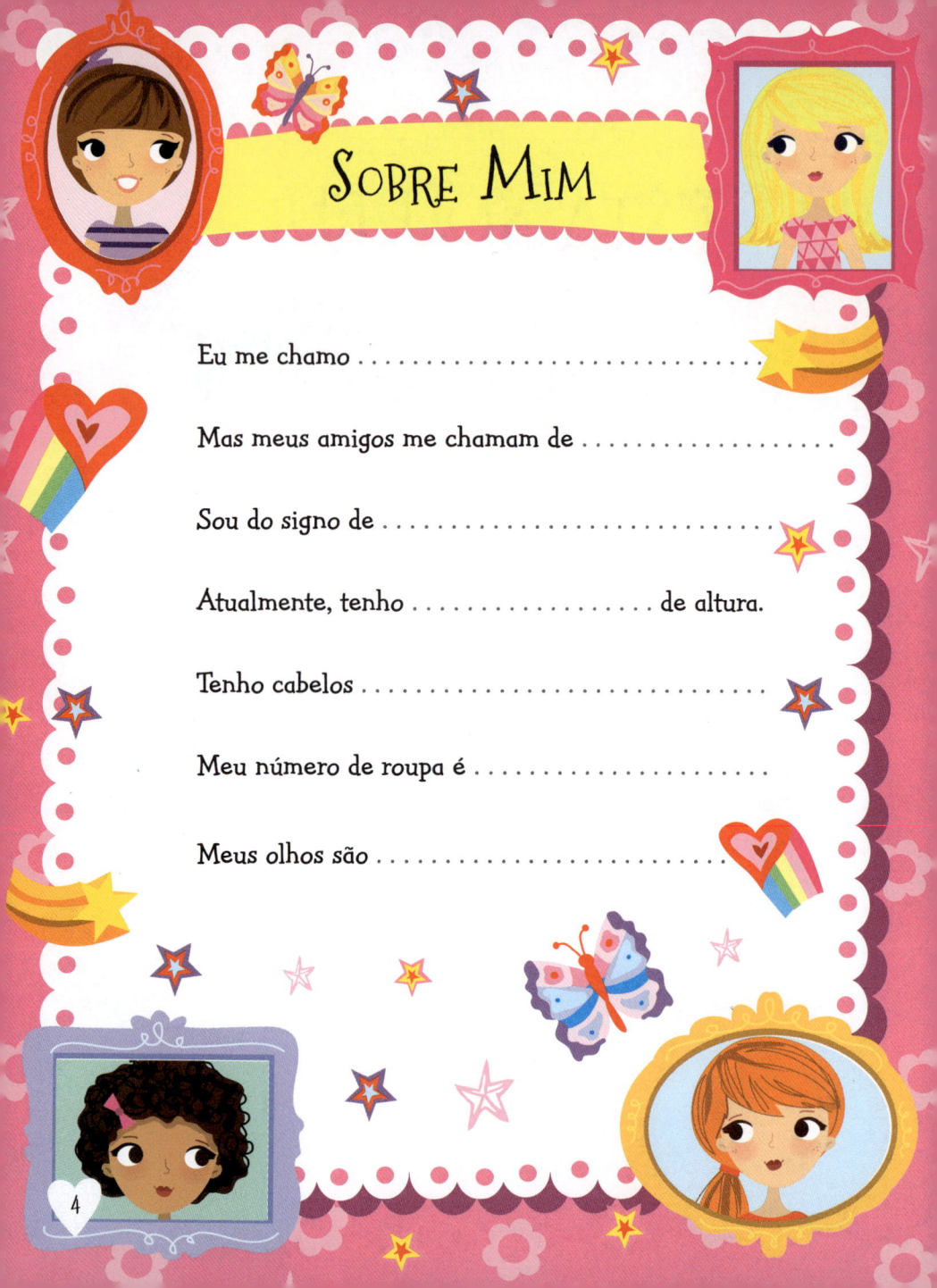

Eu me chamo ....

Mas meus amigos me chamam de ....

Sou do signo de ....

Atualmente, tenho .... de altura.

Tenho cabelos ....

Meu número de roupa é ....

Meus olhos são ....

Minhas Coisas Favoritas

Eu amo ....
....
....

E, às vezes, eu amo ....
....
....
....
....

Como Eu Sou

Acho que eu sou...

- ○ Tranquila
- ○ Ansiosa
- ○ Alegre
- ○ Tímida
- ○ Engraçada
- ○ Sincera
- ○ Pensativa
- ○ Brincalhona
- ○ Estressada

No fim de semana, eu adoro ....
....

Meus melhores amigos são ....
....

Eu e meus melhores amigos adoramos ....
....

Alguns Segredos Meus

Estes são meus maiores segredos:
(Eles são ultrassecretos, ninguém pode descobri-los!)

1. ....
....
2. ....
....
3. ....
....
4. ....
....
5. ....
....

Dos Pés à Cabeça

Meu número de sapato é:

Eu gosto de usar:

Minha peça de roupa favorita é:

Minha cor favorita é:

Eu Diria que Meu Estilo É:

( ) Básico: jeans e camiseta
( ) Romântico: estampas florais e rendas
( ) Moderno: antenada nas tendências da moda
( ) Retrô: roupas clássicas e com muito estilo

Cole aqui uma foto do seu visual preferido.

Este sim é o meu estilo!

Dicas de Moda

A cor do meu batom preferido é

....

O esmalte de que eu mais gosto é

....

Meus acessórios prediletos são

....

Eu não saio de casa sem

....

Uma peça de roupa que não pode faltar no meu guarda-roupa é

....

Jogo Rápido

Rápido, circule a resposta!

Dia ou noite?		Calor ou frio?
	Telefonemas ou mensagens?	
Clássica ou moderna?		Pedalar ou caminhar?

Amigas Fantásticas

Com que personagem dos contos de fadas VOCÊ é mais parecida?

Chapeuzinho Vermelho – Gentil

Chapeuzinho Vermelho não pensou duas vezes quando sua mãe lhe pediu para levar os doces para a vovó, que mora do outro lado da floresta. Você também gosta de ajudar as pessoas, independentemente da dificuldade da tarefa.

Bela (A Bela e a Fera) – Corajosa

Bela não teve medo de Fera e se ofereceu para ficar no lugar de seu pai. Você também tem coragem de sobra para encarar os desafios que surgem, mesmo sem saber o que vai acontecer.

A Pequena Sereia – Exploradora

Você gosta de viajar e conhecer lugares novos, assim como a Pequena Sereia, que sempre explorava o oceano e queria conhecer a superfície.

Cinderela – Sonhadora

Cinderela era maltratada, mas, mesmo assim, sempre acreditou em seus sonhos. Assim como a princesa, você é sonhadora e sempre corre atrás de seus objetivos.

Branca de Neve – Organizada

Você gosta de tudo no seu devido lugar e se esforça para manter suas coisas organizadas, assim como a Branca de Neve passou a deixar a casa dos anões arrumadinha enquanto morava com eles.

Alice – Criativa

Alice embarcou em uma fantástica viagem, dando asas à imaginação. Você também é muito criativa, tem grandes ideias e está sempre inventando coisas novas.

Varinha Mágica

Se eu tivesse uma varinha mágica capaz de realizar três encantamentos, eu mudaria:

1. ....
....
2. ....
....
3. ....
....

O que eu deixaria exatamente como é:

1. ....
....
2. ....
....
3. ....
....

Meu Dia

Querido diário, hoje meu dia foi...

Lar, Doce Lar

Eu moro em:
- ○ casa
- ○ apartamento

Eu moro com ....
....

Meu endereço é ....
....

O que eu mais gosto na minha casa é ....
....

O que eu menos gosto na minha casa é ....
....

Minha Família

Minha mãe se chama
....

Eu a amo porque
....
....

Meu pai se chama
....

A maior qualidade dele é
....
....

Irmãos e irmãs:
○ Tenho .... irmão(s).
○ Tenho .... irmã(s).
Ele(s)/Ela(s) se chama/chamam
....
....
....

○ Sou filha única!

Eu acho que meu(s) irmão(s) é/são ....
....

Eu acho que minha(s) irmã(s) é/são ....
....

Hollywood, Aí Vou Eu!

Se a vida da minha família virasse um filme, seria...

○ um drama
○ uma comédia
○ uma aventura
○ um terror
○ um pouco de tudo isso

Esta é minha família:

Cole aqui uma foto de você com sua família.

Família Especial

Minha família é única porque:

....
....
....
....
....

Na minha família, gostamos de:

....
....
....
....
....
....

Esportes

Meus três hobbies favoritos são:

1. . . . .

2. . . . .

3. . . . .

Meus três esportes favoritos são:

1. . . . .

2. . . . .

3. . . . .

Eu adoraria aprender a praticar . . . .

. . . . porque . . . .

. . . .

Dicas de Saúde

✣ Praticar exercícios físicos com frequência. Pode ser o seu esporte preferido, uma simples caminhada ou pedalar no parque com os amigos.

✣ Trocar o elevador pelas escadas.

✣ Frutas e verduras dão mais energia e são mais saudáveis que doces e frituras.

✣ Beber MUITA água para deixar o corpo sempre hidratado, principalmente nos dias quentes!

Minha dica preciosa para uma vida saudável:

....
....
....

O que Eu Como

Meu café da manhã:

....

....

....

Na hora do almoço:

....

....

....

Lanche da tarde:

....

....

....

Meu jantar:

....

....

....

Meus Preferidos

Minha comida preferida com toda certeza é ....
....
....
....

Eu sei cozinhar ....
....

Esta é a receita: ....
....
....
....
....
....
....

Lanche da Tarde

Salada de Frutas

Sugestões de frutas:

3 laranjas   3 maçãs   3 bananas

2 mamões   15 morangos   1 abacaxi

Você pode incluir outras frutas de seu gosto!

Modo de preparo:
Peça para um adulto descascar e picar as frutas em cubos. Em uma tigela, misture todas as frutas até ficar bem colorido. Depois, é só servir para os amigos.

É saudável e saboroso!

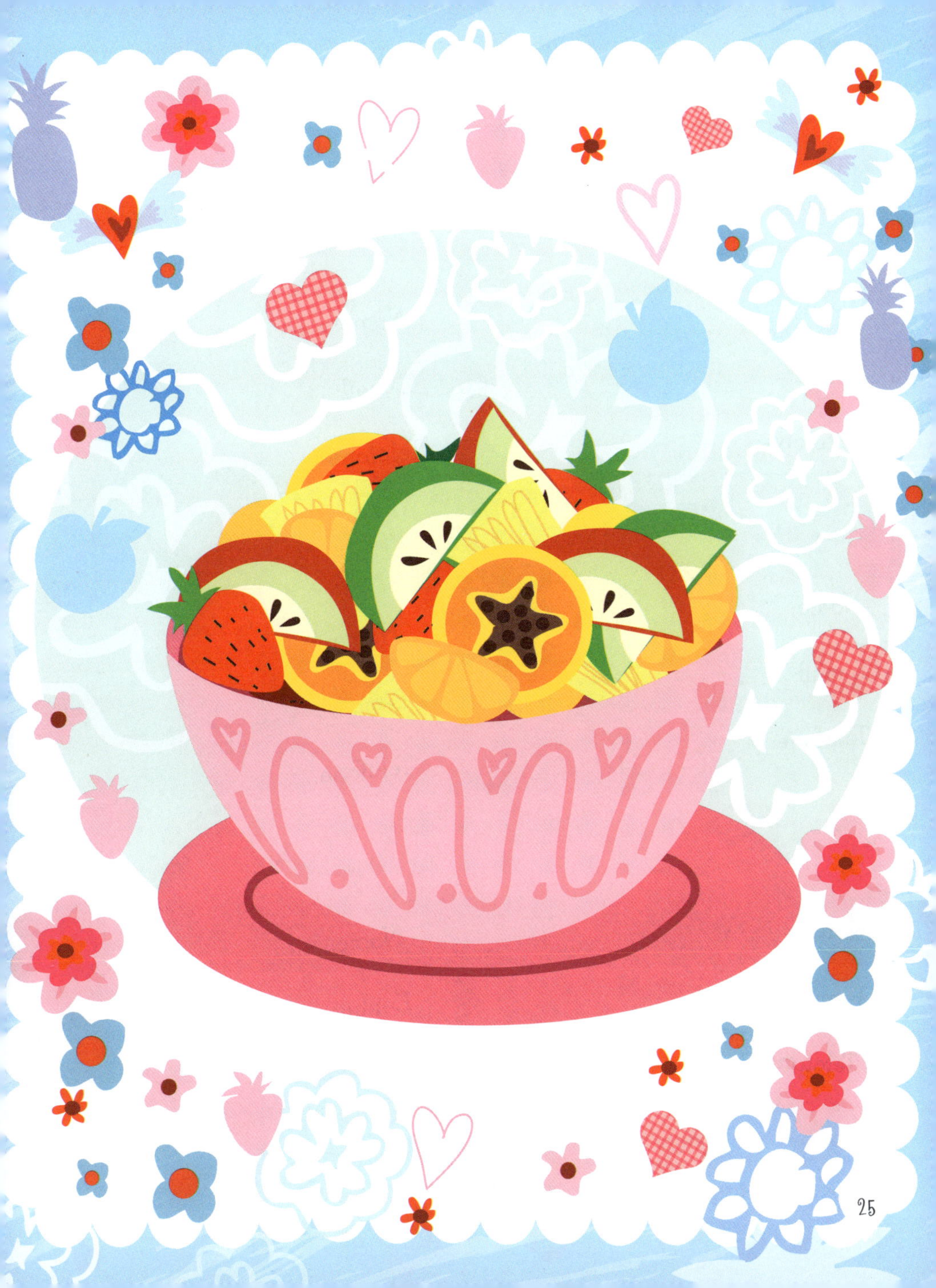

Contatos Importantes

Nome: ....
E-mail: ....
Telefone: ....

Nome: ....
E-mail: ....
Telefone: ....

Nome: ....
E-mail: ....
Telefone: ....

Nome: ....
E-mail: ....
Telefone: ....

Nome: ....
E-mail: ....
Telefone: ....

Nome: ....
E-mail: ....
Telefone: ....

Meu Dia

Querido diário, hoje meu dia foi ....

Eu Gosto

Livros:

1. ....
2. ....
3. ....
4. ....
5. ....

Filmes:

1. ....
2. ....
3. ....
4. ....
5. ....

Músicas:

1. ....
2. ....
3. ....
4. ....
5. ....

Programas de TV:

1. ....
2. ....
3. ....
4. ....
5. ....

Brincando de Ser

Se meus amigos fossem personagens, eles seriam:

Amigo: ....

Personagem: ....

Série/filme/desenho: ....

Amigo: ....

Personagem: ....

Série/filme/desenho: ....

Amigo: ....

Personagem: ....

Série/filme/desenho: ....

Amigo: ....

Personagem: ....

Série/filme/desenho: ....

Páginas da Vida

Estes são os melhores livros que eu já li:

1. ....

Eu adorei a história porque ....

2. ....

Eu adorei a história porque ....

3. ....

Eu adorei a história porque ....

4. ....

Eu adorei a história porque ....

....

No Cinema

O melhor filme ao qual eu já assisti é

....

Um pouco sobre a história dele:

....
....
....
....

Por que gostei tanto?

....
....
....
....

Vida de Estrela

Se eu fosse uma
celebridade, seria como:

....

*Cole aqui uma foto de sua
celebridade preferida.*

Se eu fosse famosa, iria:

....

....

....

Ritmo e Letra

Minha música preferida é:

....

Quem a canta é:

....

Eu gosto dela porque:

....

....

....

....

Na Telinha

Ator gato:

Cole aqui uma foto.

Atriz que admiro:

Cole aqui uma foto.

....

Ele está incrível em:
....
....
....

Ela está incrível em:
....
....
....

On-line

Os sites de que eu
mais gosto são:

....

....

Os blogues que eu acho interessantes são:

....

....

....

Informações importantes!

Meu número de telefone é ....

Meu e-mail é ....

Minhas senhas de redes sociais são:

....

....

Para Visitar na Internet

Site: ....
....
....
Eu adorei porque ....
....

Site: ....
....
Eu adorei porque ....
....

Site: ....
....
....
Eu adorei porque ....
....

Site: ....
....
....
Eu adorei porque ....
....

Site: ....
....
....
Eu adorei porque ....
....

Site: ....
....
....
Eu adorei porque ....
....

Site: ....
....
....
Eu adorei porque ....
....

Site: ....
....
....
Eu adorei porque ....
....

Site: ....
....
....
Eu adorei porque ....
....

Site: ....
....
....
Eu adorei porque ....
....

Bom e Mau

Eu amo quando as pessoas são
....
....
....

As características de que eu mais gosto são
....
....
....

As características de que eu não gosto são
....
....

O que eu mais gosto nos meus amigos:
....
....

Meu Dia

Querido diário, hoje meu dia foi ....

Melhor Amiga

Tudo que você precisa saber sobre a minha melhor amiga!

Nome: ....

Apelido: ....

Idade: ....

O que adoramos fazer: ....

....

Se quiser tirá-la do sério, é só ....

....

Ela é minha melhor amiga porque ....

....

A melhor experiência que tivemos juntas

foi quando ....

....

Cole aqui uma foto de você com sua melhor amiga.

Pessoas Especiais

Nome: ....

Idade: ....

Gosto dele(a) porque: ....
....

Nome: ....

Idade: ....

Gosto dele(a) porque: ....
....

Nome: ....

Idade: ....

Gosto dele(a) porque: ....
....

Nome: ....

Idade: ....

Gosto dele(a) porque: ....
....

Nome: ....

Idade: ....

Gosto dele(a) porque: ....
....

Nome: ....

Idade: ....

Gosto dele(a) porque: ....
....

Hobbies e Segredos

Quando estou com meus amigos, eu adoro ....
....
....

A gente não gosta quando ....
....
....

Um segredo nosso:

....
....
....

Cantinho das Recordações

Mensagens especiais dos meus melhores amigos.

Nome: ....

Mensagem: ....

....

....

Nome: ....

Mensagem: ....

....

....

....

Nome: ....

Mensagem: ....

....

....

Nome: ....
Mensagem: ....
....
....

Nome: ....
Mensagem: ....
....
....

Nome: ....
Mensagem: ....
....
....

Nome: ....
Mensagem: ....
....
....

Nome: ....
Mensagem: ....
....
....

GRANDES AMIGOS

Como é um amigo de verdade?

1. Ele sempre guarda os segredos e nunca conta para ninguém.

2. Ele ouve suas histórias e dá bons conselhos.

3. Ele trata você com carinho, respeito, educação e adora estar ao seu lado.

4. Ele não se importa em dividir as coisas dele com você.

5. Vocês riem e choram juntos. Seus amigos estão presentes nos bons e nos maus momentos.

Código Secreto

Para criar um código, basta substituir as letras do alfabeto por símbolos:

■ ● ✿ ◆ ★ ♥
A D E I M Z

Você consegue descobrir o que está escrito abaixo?

■ ★ ◆ ♥ ■ ● ✿
_ _ _ _ _ _ _

Você também pode trocar mensagens com os seus amigos usando códigos secretos. Use a imaginação e crie o seu próprio código secreto!

ANIVERSARIANTES

Tenha certeza de que você não vai se esquecer de ninguém!

Janeiro
....
....
....

Fevereiro
....
....
....

Março
....
....
....

Abril
....
....
....

Maio
....
....
....

Junho
....
....
....

Julho

....
....
....

Agosto

....
....
....

Setembro

....
....
....

Outubro

....
....
....

Novembro

....
....
....

Dezembro

....
....
....

CARTÕES

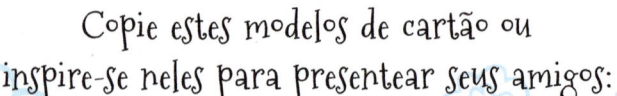

Copie estes modelos de cartão ou inspire-se neles para presentear seus amigos:

Modelo 1

De: ....
Para: ....

Você é muito especial para mim!
Sabe por quê?

Porque ....
....
....

Modelo 2

De: ....
Para: ....

Ao melhor amigo que alguém
poderia ter. Feliz aniversário!

....
....
....

Modelo 3

De: ....
Para: ....

Rosas são vermelhas,
e o céu é estrelado.
Sou muito feliz
por ter você ao meu lado!

....
....
....

Modelo 4

De: ....
Para: ....

Um felino aniversário!
(Miau, miau!)

....
....
....

Festas Inesquecíveis

A melhor festa de aniversário a que eu já fui: . . . .
. . . .

O que tornou essa festa especial: . . . .
. . . .
. . . .
. . . .

Uma festa que ficou marcada por não ter sido tão boa:
. . . .
. . . .
. . . .
. . . .

Oba! Festa!

Algumas ideias para festas temáticas incríveis!

Festa Havaiana

Traje típico: use roupas leves com estampas florais, misturando-as com flores de verdade (você pode colocá-las no cabelo ou atrás da orelha).
Comes e bebes: muitas frutas e muitos sucos naturais. Água de coco também é uma ótima opção!
Decoração: flores, flores e mais flores! Faça uma decoração baseada na praia, com enfeites brilhantes e coloridos.

Festa do Pijama

Traje típico: pijamas! Escolha o seu pijama mais fofo, pegue um ursinho de pelúcia, coloque pantufas e prepare-se para uma guerra de travesseiros!
Comes e bebes: pipoca, marshmallows, bolinhos e chocolate quente. (Cuidado: açúcar demais pode atrapalhar seu sono!)
Atividades: filmes (não vale os muito assustadores!). Vocês também podem brincar com jogos de tabuleiro, videogame ou baralho.

Festa à Fantasia

Traje típico: seja criativa! Você pode ser uma cantora famosa, um animal selvagem, uma princesa, um pirata ou uma super-heroína! Quanto mais diferente, melhor.

Comes e bebes: salgadinhos são a melhor pedida! Se sua festa tiver um tema, faça que seus comes e bebes sigam esse tema também.

Decoração: balões e fitas. Como é uma festa à fantasia, por que não usar algumas máscaras como enfeite?

Festa do Dia das Bruxas

Traje típico: fantasias de fantasmas, vampiros, zumbis, múmias, bruxas, esqueletos ou abóboras (as opções não têm fim).

Comes e bebes: você pode transformar sanduíches em insetos e outros bichos, colocando uvas-passas para fazer os olhinhos e doce de alcaçuz para fazer as patas (uvas-passas também parecem com moscas, perfeitas para sanduíches de aranha!). Com o miolo da abóbora, você pode fazer uma torta de abóbora!

Decoração: pense em preto e laranja! Você pode fazer bandeirinhas com forma de aranha ou comprar enfeites, como teias de aranha e chapéus de bruxa. Não se esqueça das lanternas de abóbora!

Presentes para os Amigos

Meus amigos adorariam ganhar:

Amigo(a): ....   Amigo(a): ....

Presente: ....   Presente: ....

Amigo(a): ....   Amigo(a): ....

Presente: ....   Presente: ....

Cole (ou desenhe!) aqui a foto de um presente que você gostaria de ganhar.

Meu Dia

Querido diário, hoje meu dia foi ....

Na Escola

Estas são minhas matérias preferidas:
....
....
....
....

Matérias de que não sou tão fã:
....
....

Professores que eu adoro: ....
....
....

A melhor nota que já tirei:
....
....

Matéria: ....
....
....

A pior nota foi:
....
....

Matéria: ....
....
....

Meus Amigos da Escola

A turma da minha sala é:

....
....
....
....
....
....

Cole aqui uma foto da sua
turma da escola.

Legal!

Excursões

Minha excursão favorita com a escola foi ....

....

....

Ela foi especial porque ....

....

....

Um passeio que eu gostaria de esquecer: ....

....

porque ....

....

....

Memórias Perfeitas

Cole aqui uma foto de uma
excursão inesquecível
que você fez com
a escola.

Praia, Campo ou Cidade?

Qual é o seu perfil? Marque-o com um X.

( ) Cidade grande

Você adora saber que há muitas pessoas e ruas movimentadas ao seu redor. Quanto mais restaurantes, parques e lojas, melhor para você!

( ) Praia

Sol, areia e um belo banho de mar fazem mais seu estilo. Jogar vôlei na praia, mergulhar nas ondas ou simplesmente caminhar à beira do mar são atividades que você poderia fazer todos os dias.

( ) Campo

Ouvir o canto dos pássaros e sentir o cheiro de terra molhada é uma ótima maneira de começar o dia para você. Você fica muito mais feliz quando está cercada pela natureza.

Bem Acompanhada

O passeio ideal para fazer com a família:
....
....
....
....
....

O passeio ideal para fazer com os colegas da escola:
....
....
....
....
....

O passeio ideal para fazer com os melhores amigos: ....
....
....
....
....
....
....

Na Memória

Às vezes, determinados perfumes ou cheiros nos fazem lembrar lugares ou pessoas especiais.

Quando eu sinto o cheiro de ....,
eu me lembro ....
....

Quando eu sinto o cheiro de ....,
eu me lembro ....
....

Quando eu sinto o cheiro de ....,
eu me lembro ....
....

Meu cheiro preferido é: ....
....

Meu perfume predileto é: ....
....

Espirre aqui um pouco do seu perfume preferido.

Viagem Especial

A MELHOR viagem que já fiz foi para ....
....

Eu fui com ....
....

Eu amei essa viagem porque ....
....
....

Cole aqui uma foto da viagem!

Recordações

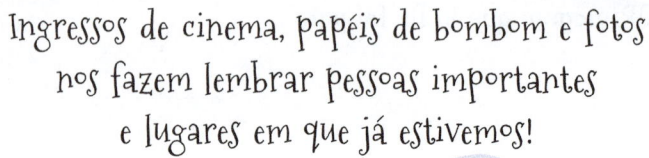

Ingressos de cinema, papéis de bombom e fotos nos fazem lembrar pessoas importantes e lugares em que já estivemos!

Por que você não cola aqui algumas dessas recordações?

Viagem dos Sonhos

Lugares que gostaria de conhecer no Brasil:
....
....
....

Lugares que gostaria de conhecer fora do Brasil:
....
....
....

As férias perfeitas seriam:
....
....
....
....
....
....

Meu Dia

Querido diário, hoje meu dia foi ......

Últimas Tendências

Estas peças NÃO podem faltar no meu guarda-roupa:

....
....
....

A combinação ideal para...

Ir à escola: ....
....

Encontrar com as amigas: ....
....

Ir a uma grande festa: ....
....

MEU LOOK

Eu adoro este visual!

Cole aqui uma foto sua
com um visual de arrasar!

Meus Acessórios

Não saio de casa sem:

( ) anel

( ) pulseira

( ) brincos

( ) colar

( ) tiara

( ) cinto

Gosto de:

( ) Bolsas grandes
Preciso de espaço para carregar tudo que puder. Você nunca sabe do que pode precisar!

( ) Bolsas médias
A bolsa perfeita! Nem muito grande, nem muito pequena, ideal para carregar as coisas mais essenciais.

( ) Bolsas pequenas
Não gosto de carregar nada pesado e não costumo levar muita coisa.

INVENTANDO MODA

Ideias charmosas para personalizar a mochila da escola:

Use broches com desenhos de personagens ou das bandas de que você gosta. É só colocá-los por toda a mochila e pronto.

Os chaveiros também são excelentes opções para deixar a mochila com a sua cara. Há muitos modelos e tamanhos, basta soltar a imaginação e pendurá-los na mochila.

Pegue os esmaltes que você não usa mais e invente estampas criativas e únicas. Misture cores e formas, vai ficar demais!

Se a ideia é apenas dar um toque discreto, basta amarrar fitinhas de cetim de cores diferentes no puxador do zíper da mochila.

Estilo

Minha amiga mais estilosa é a ....
....
Gosto da forma que ela se veste porque ....
....
....

Cole aqui uma foto da sua amiga mais estilosa.

Estilo das Famosas

As celebridades mais bem-vestidas são ....
Eu adorei estes visuais: ....

Cole aqui fotos de famosas com as roupas de que você mais gosta.

73

Espelho, Espelho Meu

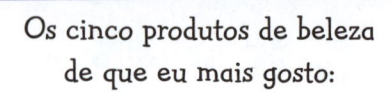

Os cinco produtos de beleza
de que eu mais gosto:

1. ....
2. ....
3. ....
4. ....
5. ....

Dicas de beleza

✤ Use protetor solar todos os dias, mesmo que não esteja ensolarado.

✤ Nunca durma de maquiagem.

✤ Lave o rosto pelo menos três vezes ao dia e prefira água fria, pois ela ajuda a diminuir a oleosidade da pele.

✤ Beba muita água e tenha uma alimentação saudável, comendo frutas e vegetais.

Meu Dia

Querido diário, hoje meu dia foi

Bichos Fofos

○ Eu não tenho animais de estimação.

○ Eu tenho animais de estimação.

Nome: . . . .

Idade: . . . .

Meu bichinho de estimação dos sonhos seria:

. . . .

. . . .

O nome dele(a) seria:

. . . .

. . . .

Fofura

Cole aqui fotos do seu animal de estimação ou dos animais que você acha fofos.

Meu Quarto

O que eu mais gosto no meu quarto é ....
....
....

Não gosto quando entram no meu quarto e ....
....

Cole aqui uma foto do seu quarto.

Eu gostaria de ter no meu quarto ....
....

Reforma dos Sonhos

Se pudesse mudar meu quarto,
isto é o que eu faria:

Pintaria da cor ....
....

Compraria novos(as) ....
....

Enfeitaria as paredes com ....
....

Escolheria cortinas ....
....

Na porta, eu penduraria uma placa com a frase:
....
....
....

GATINHOS!

Os garotos mais lindos da escola são:

Nome: . . . .
Sala: . . . .

Nome: . . . .
Sala: . . . .

Nome: . . . .
Sala: . . . .

Nome: . . . .
Sala: . . . .

Nome: . . . .
Sala: . . . .

Nome: . . . .
Sala: . . . .

Coisas do Coração

Como seria uma linda história de amor para mim:

....

....

....

....

....

....

....

Segredo mais que secreto

Eu sou a fim do ....

Meus Ídolos

Pessoas que me inspiram:

Na minha família

Nome: ....
....
Por quê? ....
....

Entre meus amigos

Nome: ....
....
Por quê? ....
....

Na TV

Nome: ....
....
Por quê? ....
....

Na música

Nome: ....
....
Por quê? ....
....

No Balanço do Som

Trechos de músicas de que eu gosto:

....
....
....

Nome da música: ....
Quem canta: ....

....
....
....

Nome da música: ....
Quem canta: ....

....
....
....

Nome da música: ....
Quem canta: ....

....
....
....

Nome da música: ....
Quem canta: ....

Novos Hobbies

Marque com um a opção que mais combina com você

Eu adoraria aprender a tocar:
- ○ Violão
- ○ Bateria
- ○ Guitarra
- ○ Saxofone
- ○ Piano

Tenho vontade de aprender a:
- ○ Pintar
- ○ Desenhar
- ○ Esculpir

Eu gostaria de aprender a dançar:
- ○ Balé
- ○ Samba
- ○ Sertanejo
- ○ Salsa
- ○ Dança de salão

Meu Dia

Querido diário, hoje meu dia foi . . . .

Se Eu Pudesse...

Se eu pudesse ser uma personagem de um livro, eu seria ...., da obra ...., porque ....

Se eu pudesse viver a história de um filme, seria ...., porque ....

Se pudesse voltar no tempo, eu ....

O que eu faria se pudesse dar uma volta lá no futuro:

....
....
....
....
....
....

Faça aqui um desenho futurístico.

Quatro Estações

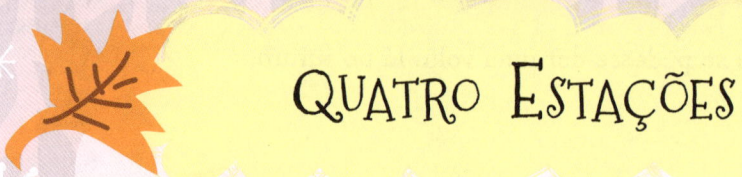

A estação do ano de que eu mais gosto é ....

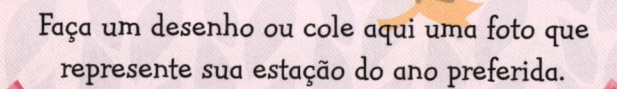

porque ....
....
....

Faça um desenho ou cole aqui uma foto que represente sua estação do ano preferida.

Na primavera, eu gosto de ....
....
....

Não existe nada melhor para fazer no verão

do que ....
....

O outono é perfeito para ....
....

No inverno, o que eu adoro é ....
....
....
....

Presentes Especiais

O melhor presente que
eu já ganhei foi

....

porque ....

....

Outros presentes inesquecíveis:

Presente: Presente:

....

Quem deu?   Quem deu?

....

Presente:

....

Quem deu?

....

Dias para Esquecer

Um mico que paguei na escola:

....
....
....
....
....

Uma vergonha que passei em família:

....
....
....
....
....

O maior mico que eu paguei entre os amigos:

....
....
....
....
....

O que Me Faz Feliz

Na escola:
....

....

....

Em casa:
....

....

....

Entre os amigos:
....

....

....

Na minha família:
....

....

....

O que me deixa triste:
....

O que me deixa brava:
....

Meu Passado

Algumas coisas a gente nunca esquece...

A minha primeira professora:
....
....

A minha primeira melhor amiga:
....
....

(Eu tinha ____ anos.)

Meu primeiro beijo:
....
....

Pensando no Futuro

O meu grande sonho é ....

Profissões que eu gostaria de seguir:

....

....

....

Querido Diário...

Muito obrigada por guardar todos os meus segredos.

Com amor,

....